给青少年的大脑健身房

高·效·学·习
脑科学

SKÄRMHJÄRNAN JUNIOR

[瑞典] 安德斯·汉森
(Anders Hansen)
[瑞典] 马茨·万布拉德　　　／著
(Mats Wänblad)

徐昕　　　　　　　　　／译

中国出版集团
中译出版社

目 录

这跟你无关，
但是……　004

第一章
你认识手忙脚乱的菲利普吗？　009

第二章
学习，然后记住　024

第三章
谷歌效应　036

第四章
你认识汉娜·来不及吗？　043

第五章
爆炸　054

第六章
感觉控制着你　06

第七章

群体高于一切　070

第八章

你认识#咔嚓吗？　079

第九章

他们在贩卖你的关注　094

第十章

你认识犯困的山姆吗？　107

第十一章

未来的屏幕大脑　120

几句结束语　126

这跟你无关，但是……

你认不认识那种睡觉睡得很少的人？或是很难集中精力、经常生气、焦虑、从不运动的人？还有那种不怎么关心别人感受的人？肯定认识吧。这些人你可能全都认识。他们可能是你的朋友、兄弟姐妹、父母，或者是马尔默的艾拉阿姨。

你知道他们所有这些问题可能都根源于同一件事情吗？一件本身其实挺好的，但如果使用不当，就会造成很大麻烦的事情。因为你是一个聪明人（并且知道这本书的书名），你肯定明白我们指的是屏幕。确切地说，是手机屏幕、平板屏幕或电脑屏幕——那些被这本书称为"屏幕类产品"的东西。

"屏幕时间"这个词通常用于为一个人每天使用屏幕的时间设定一个限制。可是需要设定一个限制吗？这个我们自己最知道了……但为什么把手机放下会这么难？

我们将近距离研究一下，是什么让屏幕这么有诱惑力，我们怎样才能避免它们可能带来的问题。你不必紧张。解决办法不是让你把所有屏幕都扔了，让你去玩松果。你不需要这样做，如果你不愿意的话。不，我们说的是用更加聪明的方式来使用屏幕。

那么这跟大脑有什么关系呢?嗯,屏幕类产品的特殊之处在于,它们非常智能,在某些方面是历史上任何其他机器都无法企及的。所以它们如此有用(并且有趣)。它们的 App 和程序不仅是为了帮助我们而造,还是为了研究我们,使得它们可以用最佳方式来引起我们的兴趣——然后一直保持这种兴趣。

但是一件会学习我们思考和感知方式的产品,同样也善于让我们去做它们想做的事情。它们不希望我们放下屏幕,去做别的事情。

所以我们要抢先一步,我们要来看看在屏幕前面,大脑内部发生了什么,我们为什么会有这样的反应和感觉,以及是什么导致了这样的反应和感觉。

在这本书里,你将遇到很多人,很多你认识的人。或者说,你认识他们的行为。"我的朋友就是这样的",你肯定会这么想。或者这么想:"他们认识我爸爸吗?"你甚至有可能知道某个人,他有着这本书里所有人物的特点(比如艾拉阿姨)。

你也许还会发现,你自己也有例子中那些人物身上的特点。我们每个人差不多都是这样——这并不意味着我们大家都有问题。不过能够得到一些建议——比如如何帮助和支持那些需要帮助和支持的人——总是好的。谁不想在紧急时刻成为一个英雄和拯救别人的人呢?

但是马尔默的艾拉阿姨会被我们视为一个失败的例子,她是一个完全无药可救的人。

"屏幕大脑"存在吗?

我们的大脑是善于狩猎和采集的大脑,它是为稀树草原的生活而进化的,因为我们人类在那里生活的时间最长。

所以我们其实并没有什么"屏幕大脑",我们拥有一个稀树草原大脑,它没有跟上时代发展,因此有时候很容易上当受骗。

那这本书为什么叫这个书名呢?嗯,如果我们知道了大脑为什么会对屏幕做出这样的反应,那我们就可以利用它的好处,而不会得到很多坏处。那样我们距离获得一个屏幕大脑就近了一点。或者说,嗯,不管怎样可以获得一个不那么容易上当受骗的稀树草原大脑。

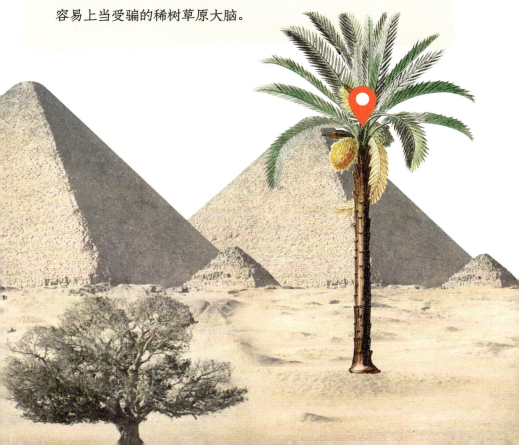

第一章

你认识手忙脚乱的菲利普吗?

案例描述

· 他很难集中注意力,偶尔集中了注意力,却很快又分散了。

· 很少能把正在做的事做完后再开始做下一件事。

· 认为别人对他造成了压力,对他要求过多。

手忙脚乱的菲利普的一天

早　晨

菲利普的一天开始得很顺利。他按时走进教室（他并不总是这样），为自己完成了作业而感到骄傲。虽然他把作业任务搞错了，但不管怎样，这一天有一个成功的开始。

白　天

放学之后，菲利普要做他本该昨天完成的作业。但他学得很慢，在数学上几乎没有进步。他在所有数字之间迷失了自己，因为他总是会被打断。他不知道这是因为什么，他始终都没有碰过手机。

吃饭之前他又学了几段课文，做了几道算术题，刚好学到了一个英语单词：unfocused（不集中的）。不过他很难记住这个词是什么意思。

晚　上

电视上正在播放一部影片，但菲利普对电脑上的一部动画片更感兴趣，他会时不时停下手中的手机游戏。当你可以高效地同时做三件事的时候，为什么只做一件呢？用一个漂亮的

词来说,这叫"多任务处理"。

　　当菲利普上床睡觉的时候,他对自己的付出感到满意。虽然影片和动画片他都没有看懂,不过手机游戏……呃,其实也没有什么进步。

　　他睡不着觉,各种想法在脑袋里转啊转。第二天老师会问,他为什么没有好好完成作业。虽然他在书桌前坐了那么久。这真不公平。

我们很容易受到干扰

菲利普显然是有问题的,不能一次专注做一件事情。但并不是只有他才这样。我们人类的构造就不善于集中注意力,尽管有一部分人在这方面做得比其他人好一些。

我们容易受到干扰的原因在于很久以前,那时的生活看起来与现在大不相同。在一个危险无处不在的世界,随时做好反应的准备至关重要。

为了理解这一点,我们必须换个话题,从我们的大脑内部开始讲起。

新的就是好的

大脑的各个部分借助各种物质互相发送信号。其中一种信号物质叫多巴胺,它在这里非常重要。多巴胺将我们的注意力转向对我们有好处的东西。我们可以说,它推动我们去往正确的方向。如果你看见一盘意大利面,多巴胺会释放出来,告诉大脑其他部分你饿了,把它吃掉是一个好主意。

我们经历新事物的时候,也会分泌多巴胺。那是为什么?嗯,好奇心和知识永远都是生存的钥匙。对新环境好奇的人,可能会最先发现果子最多的树。最知道鹿的活动规律和鳄鱼在什么地方的人,获得食物的机会最大(并能避免成为其他动物的食物)。而知识是建立在我们观察、学习新事物并把它们记住的基础上的。

不过多巴胺最重要的工作是告诉我们应该把注意力聚焦在什么事情上，聚焦在此刻最重要的事情上。这正是菲利普苦苦挣扎的地方。

危险的焦点

可是集中注意力对我们来说不是一件好事吗？当我们集中精力的时候，不是会有大量多巴胺释放出来吗？

巧妙之处就在这里。我们因为深度集中精力（当我们完全沉浸在当时正在做的事情上时）而得到奖励刺激，可如果我们想要达到深度聚焦，大脑就不能受到打扰。前面说了，大脑非常容易受到干扰。

追一只兔子的人精力必须高度集中，但也得始终做好迅速转移焦点的准备，以防危险——比如一条蛇——出现。对于以前的人来说，深度聚焦用在错的地方会带来生命危险。

那现在呢？嗯，我们每天总是会遇到新的印象，可是它们中只有极少数会构成真正的危险。相反，它们常常对我们集中注意力造成干扰。

高效，还是迟钝？

大脑只要一有条件，就想节省能量。这并不奇怪，我们消耗的能量中有大约三分之一都用在了保持大脑运转上面。

所以大脑更愿意选择最不需要花费力气和能量的解决方法。也就是说，它希望无须努力工作就得到多巴胺刺激。对于生活在稀树草原上的人来说这极为重要。对于你和菲利普来说，最快、最便宜（最节省能量）的多巴胺刺激，可以从屏幕类产品上获得。

被入侵的大脑

屏幕类产品在提供多巴胺刺激方面有着不可思议的能力。这当然并非偶然。如果它们没有这种能力，那我们使用它们的频率就会小得多。

我们希望一直发现新鲜东西的想法让我们不断地点击，在各种页面和 App 间跳来跳去，不断寻找新的体验和喜好。随即我们得到了多巴胺刺激，它又让我们继续去点击更多内容。

我们变得很依赖这些刺激。大脑发现了一种快速、简单、无须浪费能量而不断获得奖励的方式。可以这么说，屏幕类产品已经入侵了大脑。

显然这也有不好的一面——这正是菲利普所感受到的。这样就没有很多精力剩下来关注其他东西了。

同时做多件事情，效果更差

很多人认为，他们在同时做很多事情的时候表现最好。更多人认为，在做别的事情的时候，偶尔看一下手机，不会对他们造成干扰。但这些说法都不正确。

大脑非常善于同时处理大量事务，但它一次只能把焦点聚集在一件事情上。我们以为自己可以同时学习和看短信，其实我们是在这两件事情之间跳来跳去。我们先是聚焦于一件事上，然后聚焦在另一件事上。这种跳跃本身非常快，只需要十分之几秒，但大脑仍然停留在我们刚刚做过的事情上。我们可能要花好几分钟的时间，才能把注意力完全转移。

这意味着我们做这两件事要花的时间更久——而且两件事情的结果都更差一些。

可我非常善于多任务处理！

现在你也许会抗议，说你肯定能应付同时聚焦多件事情的局面。可是很遗憾，我们的大脑不是这样构建的。

有人用 300 人做了一个实验。他们中有一半人称，他们边学习边上网冲浪，不会受到干扰。其余人更倾向于一次做一件事情。

我们测试注意力的时候，多任务处理者获得的结果更差一些。他们似乎被周围所有事情分心了（受到了干扰）。此外，在测试他们记忆力的时候，结果也同样糟糕。

这可能是因为，他们从来没有训练过，把自己的注意力深深地集中到一件事情上面。这是我们学习和记忆（见 27 页）的第一个步骤。

不过研究者们认为，他们肯定还是有他们更擅长的事情。他们从一项任务跳到另一项任务的速度也许特别快？可答案是否定的。他们甚至在这方面也做得更差。

所以我很遗憾，你应该并不善于进行多任务处理。其实只有极少数人（他们被称为超级多任务处理者）真正善于这样。而其他人在这方面都很糟糕。

词 典

多任务处理：同时做很多事。通常不是一个好主意。

屏幕干扰

每天手机会给你成千上万次多巴胺刺激。这使得手机具有非常大的吸引力,以至于你必须阻止自己不断地去碰它。也就是说,你必须拿出一部分注意力用于让自己不把手机拿出来。

换句话说,当我们要做某件需要很多注意力的事情的时候,我们应该把手机放到另一个房间去。啊不,把它放在口袋里调成静音是不够的。很多大范围调查显示,只要有手机在身边,注意力就会变差。

在日本的一项研究中,半数参与者的写字台上放着一部关掉的手机——他们不可以去碰它,它甚至不是他们自己的手机。另一半参与者写字台上是一个小记事本(也只是放在那里)。然后他们要做一个注意力测试。是的,你的猜测完全正确。桌上放着记事本的参与者获得了更好的测试结果。

你的老师是不是经常在上课前把所有手机都收上去?现在你知道为什么了吧。

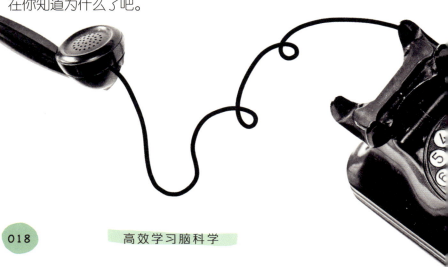

这样还不够……

你有没有发现,你要解决的任务越是困难,手机的吸引力就越大?每回你遇到瓶颈或是进展有些迟缓的时候,手机就仿佛在呼唤你一样。你,以及你的大脑,知道如果你顺利完成任务就会得到奖励,可是这需要付出工作和注意力。而手机直接就可以给你一个奖励,不需要你付出工作。这时要做出正确的选择会很难。

有趣的是,你离手机越远,你就越容易抵抗这种诱惑。所以把手机放到房间外面去,让自己好好工作,直到顺利完成任务,让自己获得巨大的多巴胺刺激。

多学了一周

英国的一些学校在上学日实施全天的手机禁令。早晨同学们把手机交上去,放学回家前取回。

结果呢?大家的表现变好了。九年级的同学们学到了更多的东西,相当于每个学年多学了一周的内容!

特别有意思的是,那些学习困难的同学改善得最明显。所以在学校实施手机禁令缩小了学生之间的差异。值得考虑。

更无聊的见面

我们去见一个朋友聊会儿天或是闲逛一会儿——你知道吗,如果这时你们把手机放到一边,你们的见面会更有趣。

这一点当然也是做了调查的。在其中一项调查中,两个人见面,在十分钟时间里谈论自己的想法。有几组聊天伙伴把手机放在面前(但不使用)。另外几组聊天伙伴把手机藏了起来。

你觉得哪几组聊得最愉快?嗯,当然是没有手机的那些。

他们无须花很多注意力去克制自己，让自己不把手机拿起来。相反他们可以完全集中精力去聊天和消遣。聊完后，这几组聊天伙伴也更喜欢自己的聊天对象。

所以，跟一个眼前没有手机的朋友聊天不仅更有趣，还会让你们成为更好的朋友。

每个人都是不同的

当然，我们每个人对干扰的敏感程度是不一样的。菲利普似乎格外敏感，一天里注意力多次失去了焦点。另一些人可以把周围世界关闭在外，尽管有很多干扰，但仍然能够聚精会神，或是把手机放到远离自己的正确位置。他们在这方面没有大的问题。

另外这一章讲到了很多手机的问题，你肯定能猜到为什么。没错，因为我们走到哪里都会把这些注意力的小偷带在身上。

对我们大家来说重要的是，我们可以让自己在这方面做得更好，这也正是菲利普需要训练的。去做出正确的选择，什么时候使用屏幕类产品合适，什么时候用它们不合适。

这样帮助手忙脚乱的菲利普

正如你所理解的，我们花了很多力气让菲利普认识到他如此难以集中注意力是有原因的——我们可以对此做些什么。这里是一些我们可以怎么做的建议。

1. 树立良好的榜样

人都是喜欢模仿，喜欢学其他人的样子的。如果你不把手机掏出来，那么菲利普也不这么做的可能性就会更大。

2. 邀请他来一场枕头大战

……或是其他在过程中没法把屏幕拿起来的活动。足球当然也很好，或是跳水、激流回旋什么的，嗯，你懂的。所有这些都有双重效应，因为身体的运动也对集中注意力很有用。

3. 一起一次做一件事

你和菲利普都喜欢电影、电视剧或是音乐吗？如果你们好好集中精力去感受的话，能否体验到它能带来多大的改善？选一个你俩都愿意看或者听的节目，尝试一下把手机放到别的房间，然后来做这件事。你们猜不到会有多大的区别，但你们也许得练上几次，才能感到完全自如。

4. 看电影、听音乐会或者去剧院看戏

就像第3点那样，不过这时你们完全不必去想手机了，因为这些地方是禁用手机的。

5. 一起写作业

定好目标，要完成到哪一步，你们才能休息十分钟（手机和其他屏幕类产品当然放在另一个房间）。然后再决定到下一次休息之前要完成多少。直到作业全部写完了，你们才能完全结束。

注 意！

并不是说，这位需要帮助的菲利普不再使用屏幕类产品了，而是说，他不在本该做其他事情的时候，或是正在做其他事情的时候用屏幕类产品。

第二章

学习,然后记住

一件事情的两面

要区分学习和记忆很难,因为它们是结合在一起的。没有学习,你就没有可以记住的东西;没有记忆,无论你学过什么都没有意义。我们学会了什么,只是我们建立了一个新的记忆的另一种说法。

所以我们要来看看,当大脑试图学会——并且记住——新事物的时候,大脑内部到底发生了什么。

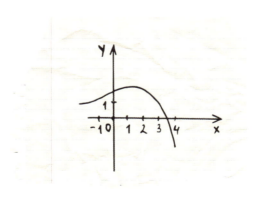

短期记忆和长期记忆

我们有两种不同的记忆：学习时使用的短期记忆和储存知识以备日后之需时使用的长期记忆。

顾名思义，短期记忆只能持续很短一会儿。它可能是你刚刚读过的句子，或是你做一个计算需要的几个数字。这时大脑只要加强脑细胞之间已经有的联系就够了。

而为了建立一个长期记忆——某个你日后要想起来的事情——需要在脑细胞之间建立全新的联系。此外大脑必须通过新建立的联系，将一个信号发送好几遍，使它得到强化，记忆被保存下来留待未来使用。

对于大脑来说这是艰巨的工作（科学家们称之为"巩固"），它需要消耗很多能量，也需要花费很多时间。因此这项工作的大部分内容，大脑都是在你睡觉的时候完成的。

不该储存为记忆的那些东西有着怎样的经历，你可以在第十章里读到。

身体记忆

身体的运动很复杂,其实相当难学。大脑必须构建一个模式,来精确指挥每一块小肌肉在什么时候该怎么做——这当然是一个记忆。

比方说你想学一个新的滑板技巧。你练啊练啊,直到太阳下山,但还是不太会。可神奇的是,第二天你竟然会了,而其间都没有再练过一秒钟。

这当然不是魔法。夜里你的大脑为这种运动图像建立了记忆。可以这么说,你睡着的时候,你在学习最后而且是最重要的细节。

建立一个记忆

如果你想学会什么事物然后把它记住,你必须经历这些步骤:

1. 聚焦你学习的事物。通过集中精力,你告诉大脑"这件事很重要"。这时希望大脑能够明白,值得为此花费能量,建立一个长期记忆。如果不聚精会神,就不会产生记忆。

2. 以工作记忆的方式保存信息。这意味着你在学习的时候,必须让大脑不受大量其他印象的干扰。工作记忆很小,大脑很快又会被冲向你的其他信息塞满。

3. 好好睡觉。你需要至少一个晚上的深度睡眠,才能使你学过的东西转变为一个长期记忆。

4. 复习知识。你让大脑接收你学习内容的次数越多,脑细胞之间的联系就越强。

好了,现在你有了一个美妙的长期记忆……你说什么?不管用?那我们得搜索一下错误,看看什么地方出现了偏差。

错误搜索第一部分——焦点

你努力学习的时候,是不是真的聚精会神了?为了展示这一点有多重要,我们可以反过来思考,看看那些你没有记住的东西。

比如你记不记得今天早晨醒来时,你哪一只脚先踩在地板上的?也许不记得了。因为做这件事的时候你不需要集中精力。大脑没有获得这件事可能很重要的信号,因此脑细胞之间没有建立新的联系。

错误搜索第二部分——工作记忆

你努力学习的同时,有没有在做其他事情?也许收到了几条短信或在社交媒体上收到了几则推送通知,然后你趁机看了一眼?这样不好。你的工作记忆很容易发生信息超载(你应该记得我们进行多任务处理的能力有多糟糕)。甚至把手机放在旁边都足以让你被迫把大脑的力气花在忍住不把手机拿起来上面。这是本该用来进行学习的力气。

错误搜索第三部分——睡眠

如果你希望让记忆稳固下来,睡得太少是没有好处的。睡眠有很多种——至少有19种,可是最重要的2种是深度睡眠和梦境睡眠(更多内容你可以在113页上读到),深度睡眠下数据记忆会得到巩固(加强),而梦境睡眠下你已经知道的那些内容会进行整合（合并和融合）。所以这两种睡眠都是需要的。但是夜里身体首先确保让你进行深度睡眠，随后才是越来越多的梦境睡眠。你也许还到不了那里。

错误搜索第四部分——复习

你以为你可以一次性学会吗？不，你必须让知识多次穿过这个系统，才能让记忆得到固定。你让大脑吸收你所学知识的次数越多，脑细胞之间的联系也就越强。

你发现了，最后这部分是你已经学过的内容，对吧？没错，现在它已经在你的大脑里了。

额外建议

测试一下,在不同情形下学习相同的内容。我们经常会把记忆跟不直接属于知识的那些事情联系起来。

比方说,你要从一本书里学一些内容。第一遍你坐在床上读,第二遍你在家里的餐厅里读,第三遍在公共汽车上读。我们用小小的"支持记忆"来给这些记忆贴上标签,让大脑能在档案堆里找到它们。一个记忆的标签越多,那么你寻找它时能够找到的概率也就越大。

屏幕还是纸本?

我们在一块屏幕上读一篇文章,与在一张纸上读,会有什么区别吗?是的,当然有。

挪威的一些科学家让一组七到九年级学生读一部短篇小说。这些人中一半读的是纸质版,另一半读的是屏幕版。事后那些读纸质版的对小说内容记得更清楚——尤其是记住了各种情节发生的顺序。

对此当然有很多不同的解释。其中一个解释是,只要我们看到一块屏幕,大脑就会期待多巴胺奖励,大脑已经习惯了这一点。于是一部分能量用在了摆脱这种想法上面。与此同时大脑还有另一个习惯:书本阅读意味着我们沉浸于某件事上,就像与世隔绝一样。

另一种可能的解释跟记忆有关。捧着一本书,或者一张哗哗作响的纸,它本身就构成了记忆(拿在手里是什么感觉,听起来是什么声音,以及页面看起来是怎样的,内容在页面上的什么位置)。有可能是这样的,这些记忆就像小标签一样被固定在了你对阅读内容的记忆上面,并且加强了对阅读内容的记忆。

研究还显示,一篇文章越是难以理解,屏幕与纸本阅读的区别就越大。也就是说,纸本阅读越有优势。如果你想看一组简单的漫画,那就没什么大的区别了;但如果你想理解相对论(谁不想把它搞明白呢?),那纸本阅读是有绝对优势的。

可以点击的文章

有时候我们会被一些我们并不注意的事情打扰,一个明显的例子是一篇文章中可以点击的链接。

在一项实验中,很多人在电脑上先阅读一篇文章。读完后,他们要立刻读另一篇文章,里面的一些词是可以点击的。然后他们要回答几个跟这两篇文章有关的问题。结果显示,他们对那篇带链接的文章理解得较差,记住的内容更少——尽管他们并没有去点击那些链接。

为什么?可能是因为他们得不断地拿出一部分大脑能量来做决定(我该不该点那些链接?)。就如同大脑必须花力气让你克制自己不把一旁的手机拿起来一样。

快速阅读

你知道在屏幕上阅读要比读纸质书更快、更肤浅吗?在屏幕上阅读使得我们来不及理解细节,更容易错过一些小词。有些重要的小词会改变整个意思。

这种马虎也许是因为在屏幕上阅读通常是这样的:我们习惯了粗读,习惯了在屏幕上跳来跳去,习惯了被叮叮当当的声音干扰——哪怕我们努力集中精力阅读,也会出现这样的情况。

而最重要的是,我们高估了通过屏幕阅读学会的东西。我们心想"好了,我明白了",然后急匆匆往下读。但其实我们完全没有理解。

专注于纸张

菲利普与之搏斗的注意力问题,有很大一部分是因为他格外容易受到打扰。屏幕上的文章意味着大量干扰时刻。一方面是屏幕本身(它通常意味着快速的多巴胺刺激);另一方面之前说了,阅读变得更快但更肤浅——阅读之后记下来的东西也更少了。

对于有专注问题的人来说,在纸张上阅读就格外重要。菲利普通过读纸书学到的东西要比看平板电脑学到的东西多,即使他自己从来不承认这一点。

有时候屏幕更好

当然，有时候用屏幕来阅读也同样很好。比如当你必须粗读大量文章，需要迅速概览一个主题的时候，这时屏幕阅读是最适合的。另一个例子是当我们复习已经学过的内容时，这时候用另外一种方式来阅读相同的知识，会有很大好处。这有点像在不同的地点阅读一样。屏幕创建了新的标签，让记忆牢牢地固定下来。

笔还是键盘？

我们学习写字的时候，笔通常都是比键盘更好的选择。当笔在纸上沙沙画过时，身体对每一个字母创立了一个记忆。另外我们可以练习精细运动技能，用大脑来控制手和手指的细小动作。在日后的生活中，这个技能非常有用。

可现在你——希望如此——已经会写字了。那么用哪种方法更好呢？这取决于你要做什么。如果你要记录某人说过的话，那么用笔更好。

一个原因是，我们中很多人用键盘打字更快，所以能记下更多的内容。但是当我们用笔写字的时候，我们必须对要写的内容做出选择（写那些重要的内容）——在这个过程中，我们进行了学习。

同样，当我们学习时，最好用笔来记录。这时信息必须得在大脑里额外兜上一圈，才能落到纸面上。

自己的文章

当我们要自己写一些东西,比如一篇科普文章或是一个故事,这时就不一样了。在一篇用键盘敲出来的文字上做修改要容易得多,比如调整段落和章节的顺序。

别人也要读这篇文章。你读自己的笔迹当然不会有问题,但是对别人来说,解读用键盘敲出来的文字通常要比解读用笔写的文字要简单一些。

所以,总结一下:做笔记时笔是最好的选择,涉及较长的、自己写的文章时,键盘则胜出。

不过世界上所有的知识都已经在网络上了,我们真的还需要学习(以及记住它们)吗?嗯,继续读下一章,你就会知道了。

第三章

谷歌效应

我们懒惰的大脑

大脑喜欢捷径。不只是喜欢,它需要捷径。创建记忆需要非常多的能量,所以大脑必须在有可能的时候作弊。

这也跟我们大脑进化发育时的生活有关,也就是人类以狩猎和采集为生时的生活。寻找吃的,也就是可以提供能量的食物,对你来说应该不是问题。可是在稀树草原上,没有人知道下一顿晚餐什么时候会到来。

与此同时身体——以及大脑——当时和现在所需要的能量几乎是一样多的。也就是说,我们身体的构造让我们节约能源,尽可能少地消耗能源。我们思考的时候、学习的时候、建

立记忆的时候也是这样。

所以我们的大脑也许不是懒惰，它只是试图尽可能用最小的能量消耗来高效地运转。

保存还是删除

有些参加实验的人被要求听大量充满信息的句子，然后他们要在一台电脑上把它们写下来。一些人被告知，电脑将把他们写的内容保存下来，另一些人则被告知，他们写的内容会被删除。

当他们把所有句子写好的时候，我们要求这些人把他们能够记住的句子全都重复一遍。你觉得哪一组记住的句子更多？没错，那些以为他们的句子被删除了的人记得更多。可这是为什么呢？

嗯，另一组人认为，那些信息被保存在电脑里了。那么他们的大脑为什么要花力气在记忆已经保存下来的东西上面呢？

寻找果酱

食品商店摆放商品时并不是随意的。相似的食品（或者用途相近的食品）会被集中摆放在一个地方。比如果酱、橘子酱和果冻。你的大脑对你常去的商店里的商品建立了一个简化的地图。不过你无须确切知道覆盆子果酱在什么地方——你只需知道个大概就行了。大脑会进行简化，会存储恰到好处的信息，而不会存储过多内容。否则买东西的时候就太复杂了。

照片还是记忆?

一些人不喜欢拍照,他们说他们愿意活在当下,感受正在发生的事情,而不是事后去看照片。

他们真正的意思是,如果他们不把旅行或聚会的记忆存储到手机或照相机里,他们存储长期记忆的机会要更大。他们说的并不完全是错的。

一个实验组被要求去参观一个艺术博物馆,他们的任务是给某些艺术品拍照,而另一些艺术品只能用眼睛看。第二天让他们看油画和雕塑的照片,这些内容既有那家博物馆的,也有其他地方的。现在他们要回忆起哪些作品是他们前一天看过的。

结果正如你猜的那样。参加测试的人非常容易地记住了那些他们没有拍照的艺术品。而其他艺术品,他们的大脑认为已经存在照相机里了,所以在大脑里删除了。

数字健忘症

数字健忘症被人马虎地称为"谷歌效应"。大脑不去学那些它觉得已经存储在其他地方的东西。大脑觉得重要的是记住那些信息被存放在了哪里。

你要买覆盆子果酱的时候很聪明,可是当我们要学习的时候就不怎么明智了。因为光能搜索数据是不够的,我们还需要知识——知识和数据是不一样的。

你的大脑是为一个比你现在所生活的世界更简单的世界构建的,它没有跟上时代的发展。它很开心地删掉了它认为可以重新找回来的信息——只需要按几下按钮就可以了——以此来节约能量。大脑喜欢捷径,所以它热爱搜索引擎。

知识还是数据

搜索引擎(比如谷歌)是很妙的东西,它们可以找出几乎所有数据。它们找到的数据并不全是真实的,但只要我们查一下来源或者审核一下数据,通常可以很快筛选出我们信得过的答案。

很多数据不需要储存在我们自己的记忆中。比如电话号码和商店的营业时间,这些细节数据我们可以通过屏幕类产品和搜索引擎去找。但是要理解一些更复杂的东西,少了真正学会并储存在自己记忆中的知识储备,几乎是不可能做到的。不然的话我们会很快掉进互联网的"兔子洞"里,迷失方向。

知识储备让事情变得简单

比方说你用谷歌搜索"斯里兰卡"。你很快会找到,这是一个南亚的共和国,曾是英国殖民地。非常棒,前提是你知道"共和国"是什么意思,南亚在什么地方,"英国"指的是哪个国家,以及殖民地是怎么回事。

你当然可以继续搜索这些词,但是想想看,如果你已经知道了它们的意思,如果它们已经在你的知识储备中,那你理解起来速度会快多少啊。

你开始学习时,知道的东西越多,你学习起来就越容易,学到的新东西就越多。

批评和评价

你的知识是你储存在大脑里的长期记忆(你之前已经学会的东西)和你自己的经验(你经历过的事情)的总和。这跟你能够快速说出大量细节数据是两回事。聪明,或者说智慧,会在你使用自己的知识讨论重要问题的时候体现出来。

你需要知识来让自己理解这个世界,来提出批判性问题然后对答案做出评价。没有知识,你甚至不知道该问什么(或者该向谁提问)。没有知识,你就不知道你得到的信息是有道理的还是胡言乱语。那样你很容易成为网上假新闻传播者的猎物。更多这方面的内容你可以在 102 页上读到。

所以,知识是愚蠢的疫苗。谁想当个笨蛋呢?

知识：
长期记忆 + 自己的经验
智慧：
把知识用于新的情况

第四章

你认识汉娜·来不及吗?

案例描述

· 似乎总是感到很有压力,尽管其实什么都没做(她来不及做)。

· 总是会晚,不管是赶公共汽车还是写作业。

· 觉得自己谢绝了太多有趣的事情。

汉娜·来不及的一天

早晨

汉娜跑进餐厅吃早饭,快速地吞下一个烤三明治喝了一杯果汁,然后赶紧套上衣服,跑去公共汽车站。

从她跑进餐厅到她坐上公共汽车,一共用了 11 分钟。可在这之前她已经醒了超过一个小时。怎么会这样?

白天

放学后汉娜答应去看哈米德的小狗。放学时间是 14:30,14:49 汉娜回到家,把包往屋里一扔,就去了住在隔壁的哈米德家。17:03 哈米德打开门让汉娜进屋。她才摸了这只刚出生的小狗几分钟,就得回家吃晚饭了。

你发现了,时间上有些不太对,是吧?

晚上

汉娜踢完足球后,晚上她有很多时间来做有意思的事情。不,事实却好像相反,到了晚上时间变得越来越短。

汉娜常说她要弹吉他,可是一旦她需要在网上找一首歌

谱的时候,她就会被其他事情吸引住,结果这一天吉他也没有弹。

不过不管怎样,她很早就上床睡觉了,因为汉娜知道睡眠的重要性。21:30 她抱着枕头钻进了被窝。这真是美妙。00:25 她进入梦乡。呃,是的,这时她放下了手机。

一个谜案

汉娜的生活真是一个谜案。她没有做什么特别的事情,但仍然感到时间不够,她好像总是会晚一步,比其他人更有压力。时间都去哪里了?

嗯,汉娜遇到了时间小偷——屏幕。这很常见,无论是在成年人还是孩子身上。时间小偷偷走了我们的时间,它在一边——在我们的大脑里——让时间缩水,又在另一边——现实中——把时间拉长。所以我们感觉自己没有在屏幕上花很多时间,因为我们很少看屏幕(我们自己觉得),而且每次只看很小一会儿(我们自己觉得)。然而事实上,我们看屏幕的频率远比我们以为的要高,时间远比我们以为的要长。

现在我们试着一点一点地剖析这个谜案。

只是一秒钟

你觉得自己多久看一次手机？事实上大约十分钟一次。也就是说，每天大约 80 次。有些人当然更频繁一些，另一些人少一些（我们大家都觉得自己属于后者），但平均起来有这么多次。至少有这么多次。这个数字是几年前的，现在可能增多了一点。

唉，你心想，你只是把手机拿出来一秒钟，看看是什么在响。但其实不是这样。每回你把手机拿出来后，平均都会触动它 26 下。

一个更大的问题是，每次我们看一眼手机，都会打断我们正在做的事情。然后我们必须强迫思路回到那件事情上，才能继续往下。于是时间就溜走了。我们做的每件事情又要花更长时间——而且可能事情做得更糟了，因为我们每过一段时间都会分散注意力。

推送通知

汉娜·来不及会收到来自各种群、消息服务器和朋友的推送通知，告诉她他们在社交媒体上传了新的内容。此外她还在玩各种游戏，如果有新的生命或者有新的关卡可用，它们会通知她。难怪从床上到早餐桌要花一个小时的时间。

这是因为，推送通知当然是为了吸引汉娜把手机拿出来——然后趁机玩一会儿，反正已经拿出来了，就干脆冲一会儿浪。

为什么会忍不住？

推送通知里到底有什么，会让我们忍不住去看？嗯，它们利用的是我们的大脑喜爱"也许"这个词这一特点。

推送通知的铃声或亮光信号告诉你，"也许"发生了什么有趣的事情——相比于确认到底发生了什么事，这种"也许"带给大脑的刺激更大。这跟让我们买彩票或赌博有相同的功能。最刺激的地方在于我们"也许"很快就发财了。至于推送通知跟买彩票一样，很少有什么重要的事情要说，这一点无关紧要。重要的是可能性、概率。

可为什么大脑会这样呢？嗯，可能是因为它也是我们过去生活的残留，那个时候我们无法知道对食物的猎取会不会有结果（因为大自然是不确定的）。但我们还是不得不去努力，一次又一次。所以大脑会对"可能"带来战利品的事情给予格外多的奖励。

食指爸爸

时间小偷不仅仅偷孩子和年轻人的时间。你只要去最近的游乐场看一看,孩子们在那里玩,父母们则低头盯着他们的屏幕类品——而不是盯着他们生命中最爱的人。

现在我们得对成年人多一些理解。在他们小时候屏幕类产品非常少见(而且非常差),所以那时他们没有用屏幕类产品的习惯。而现在他们要补偿回来。

你和你的朋友会用两只手的大拇指来写字和做其他事情,对吧?成年人用一根食指。他们在考虑下一步该按什么位置的时候,会在屏幕上画圈圈。对他们来说,发送最简单的信息,要花非常长的时间。

如果一个人不是在屏幕类产品的伴随下长大的,还会有另外一些明显的标志。他们会年复一年地玩一些非常老的游戏(你都不记得了的游戏)。他们会关注那些跟 CD 机一样古老的社交媒体。如果你不知道 CD 机是什么,你可以问问"食指爸爸",他知道。

没完没了

试想一下,你有一个神奇的玻璃杯,里面的汽水总是满的,杯子永远不会变空,无论你喝了多少汽水。那你觉得你会喝更多的汽水,还是相反呢?应该会更多,对吧?

曾几何时,我们可以到达社交媒体的尽头。你可以浏览一定数量的帖子,然后页面就结束了。而现在不是这样了——在无限滚动发明出来之后就不是这样了。

一开始肯定是这样:有人发现很多用户将页面的结束视为他们可以去做其他事情的信号。他们可不愿意这样。解决方法就变成了无限滚动。无论你浏览了多少个帖子,总是会有新的帖子跳出来。你不会得到结束了的信号,停留的时间会比你原本打算的、原来以为的要长得多。

为什么?嗯,这跟我们不愿意在一集电视连续剧的中间断掉是一个道理,哪怕我们也可以下一回从那个地方看起;或是在一个章节中间把一本书放下;或是直到汽水没了才把杯子放进洗碗机里。我们希望在中断之前,我们已经把事情完成了。可是假如一直都没有收到这样的信号的话……

我们没有做的事

可是这真有那么危险吗?你也许会这样想。那个汉娜将一部分时间用在屏幕类产品上,那又怎样呢?她做的事又无伤大雅。

你说得完全对,也完全错。

汉娜玩屏幕类产品,肯定不会生病或是发生什么大的问题,即使她一天要玩好几个小时(她确实也玩了好几个小时)。问题是那些她因为时间不够而没有去做的事情。

每回汉娜没有什么特别的事情要做时,手机就会冒出来。然后她花在上面的时间,要远比她以为的和她愿意承认的多得多。可假如汉娜的手机坏了,她就不得不去找别的事情做。我们的大脑很容易感到无聊,希望总是会有什么事情发生。

所以没有了手机的汉娜也许会拿起吉他来好好弹奏一下。她将有时间跟哈米德的小狗玩上几个小时,她也许又会去踢球,她肯定会遇到更多真实的朋友,还有很多很多事情。所有这些都是汉娜真正喜欢的事情。太好了,所以为什么不花更多的时间,更加频繁地去做这些事情呢?

你可以这样帮助汉娜·来不及

你想不想找回你的老朋友汉娜——那个总是愿意参加所有有趣事情的汉娜？这里是几个简单的建议，你可以提供给汉娜，让她有更多的时间来做她喜欢的事情。

1. 关闭推送消息

告诉她，关闭所有游戏和社交媒体的消息推送。一开始她可以保留消息服务器上的推送——我们不要把她吓坏了。

2. 在现实中见见她

建议你们见见面，在现实中继续聊你们在网上聊的话题。真正见面要有意思得多。

3. 带她参加各种活动

如果你要去游泳或是滑冰，让汉娜一起去——哪怕这意味着你首先得把她从家里叫出来。可以打个电话，那样她比较难以拒绝。

4. 放下你自己的手机

……并且关闭推送消息,再去见汉娜。因为每一次你拿出手机的时候,汉娜也看到了机会,会做同样的事情。

5. 说出你的想法

这可能会有些敏感,但如果你觉得汉娜只是盯着屏幕,有点心不在焉,那就告诉她,你更希望她跟你交流。这一点对于食指爸爸和食指妈妈来说也同样重要。他们也需要听到你说你希望他们能把精力放在你身上。

> 而你……一定要教食指爸爸和食指妈妈用大拇指来发信息。他们用食指发消息的样子太叫人尴尬了。

第五章

爆　炸

发生这事的那一年

2011年，科学家们——主要是美国科学家——注意到他们正在研究的年轻人身上发生了一件事。这些年轻人的睡眠开始变差了。他们跟朋友见面的次数少了，约会也少了。他们酒喝得少了，对拿驾照这事也不感兴趣了。这是怎么回事？

嗯，我们无法完全确定，但是有理由怀疑，这跟苹果手机在广阔的战线上取得了突破有关。苹果手机最早的型号在2007年就已经推出了，但2011年是智能手机真正突破的一年。从这一年开始，每个人的口袋里都有了一部永远在线的小型电脑。当然不只是苹果手机，其他电子公司也有各自的机型（跟现在一样）——不过苹果手机是领头人。

这跟时间有关

这背后是不是有什么阴谋,也许有某种危险的辐射,让年轻人的性格发生了变化?

完全不是这样。原因可能就这么简单:他们的时间越来越多地用在了手机上面,而忽视了其他事情。他们睡觉、见朋友、约会的时间比以前短了。他们没时间喝酒(这倒是好事),也没时间学车。

现在我们必须记住,这说的是平均状况。2011年后,年轻人也约会、睡觉、考驾照,只是没有以前那么热衷了。而差别不是一点点。一位心理学教授对二十世纪三十年代以来的数据进行了研究,她说她从来没有见过之前有类似的情况。

为什么只是年轻人？

这种变化为什么首先从年轻人身上显现出来，这里有很多原因。一个原因是，年轻人喜欢尝试新事物。另一个原因是，他们的生活习惯和方式正在形成过程中，而他们尚未陷入旧的模式中。而第三个原因更正式一些。

正如你已经读过的（比如 14 页上），我们能从屏幕类产品上得到大量多巴胺的小刺激——我们随身带着手机。十几岁的人尤其容易受到快速刺激的影响。在成年人身上，这种刺激会被较为明智和谨慎的额叶减慢速度。是额叶在告诉你，现在你也许该把手机放下睡觉了，因为明天又是新的一天。

可是……额叶直到 25 岁左右才完全发育好。所以十几岁孩子的多巴胺系统就像脱缰的野马一样，而这时驯服这匹马的骑手却是一个新手。

这很糟糕吗？是的，不管怎样，我们只要算算自己花在屏幕类产品上的时间就知道了。

四个婴儿（0—12个月大）中有一个，两个2岁的孩子中有一个每天都用互联网。

美国的孩子和年轻人每天花费七个半小时在屏幕类产品上（此处也包括电视机）。二十世纪九十年代是三小时。8—10岁的孩子平均花费六个小时在屏幕类产品上，11—14岁的孩子花费九个小时。

瑞典十几岁的孩子每天使用手机的时长是四个小时。瑞典每三个孩子和青少年中有一个坐在屏幕类产品前的时间是五个小时甚至更长——这指的是课余时间。

在一项4000名年轻人参与的调查中，七分之一的人说他们每天至少花六个小时在社交媒体上。

在所有十几岁的人中，有一半会在夜里至少查看一次手机。根据一项调查，十个人中有一个人每天夜里会至少查看十次手机（是的，你没看错！）。

我们还要继续吗？需要指出的是，这些数据有很多都是几年前的。现在很多数据可能更高了。

所以2011年数字爆炸时一定发生了什么事。2010—2016年手机网络的使用时长从几乎为零上升到每人每天大约四个小时。这是个疯狂的数字。人类以前从来没有像最近这几年这样，在这么短的时间里这么大幅度地改变自己的行为。以前的人们都是怎么样的？

新技术很危险

新技术一发明出来，危言耸听者就出现了，说它们对我们来说很危险。这里有几个历史上出现过的例子：

· 十六世纪：印刷术发明出来后，我们大脑里的信息会泛滥成灾。

· 十九世纪：每小时30公里的行驶会导致恶心呕吐，是的，甚至可能危及生命。所以为了上帝，不要去乘坐那种新的现代火车！

· 十九世纪（晚期）：电话是一种该死的发明，把雷电和恶魔都吸引来了。

· 二十世纪五十年代：你知道吗，电视机会对观看者实施催眠，让他们做一些疯狂的事情？

屏幕类产品是不是也是这样，所有的警告是因为我们对自己不那么理解的技术感到害怕？

不，不是这样的。很多事实表明，这一回的不同之处在于，我们随身带着新技术，并且几乎没日没夜地摆弄它们。没有人会这么长时间地打电话，理智的人不会在口袋里装着电视机走来走去。

我们具有可塑性的大脑

我们的大脑会竭尽全力去适应我们生活的世界。它在这方面很能干，具有可塑性，始终可以找到新的途径——尽管它其实是为在稀树草原上的生活进化而成的。很显然，我们每天花费那么多时间去做的事情，会对大脑产生影响。若不是这样才奇怪呢。

好还是坏？

这其实是核心问题。使用屏幕的这段时间，我们是感觉更好了还是更差了？因为我们受屏幕类产品的影响很不一样，所以我们得取一个平均值。关于这个问题做了很多调查，尤其是针对孩子和年轻人，整体上看，所有的调查都显示同样的结论：那些过度使用屏幕类产品的人，更多地会感到不舒服。

一旦屏幕时间超过每天三个小时，人感到低落和抑郁的风险就会明显增大。然后每增加一个小时后，风险都会递增。不是说我们一定会感到不舒服，而是说这种风险会增加。

不过让我们抑郁的也许不是屏幕本身。因为我们每做一个小时其他事情——比如见朋友、运动或者弹奏乐器，我们都会感觉更好。所以很可能是这样，屏幕偷走了我们很多时间，使得我们来不及做那些让我们感觉更好的事情。

好消息

其实有研究显示,花在屏幕上的时间(如果不是太长)可以让我们感觉更好。但我们必须将其控制在每天一个小时左右。

所以如果你父母跟你唠叨你屏幕使用时间过长的问题,你可以问心无愧地让他们自己玩一个小时屏幕类产品,最多两个小时。我们认为,一旦超过这个界限,他们就会有烦躁生气和发牢骚的危险。

第六章

感觉控制着你

我们为什么能感知事物?

我们感知事物是为了生存。

不,没有这么简单——虽然原则上这是真的。不过为了明白它的原理,我们必须从感觉出现的地方——大脑——开始讲。

从你出生开始,然后在你一生中,你的大脑都在试图回答一个问题:"我现在要做什么?"因为我们的大脑是在一个生命不断受到威胁的时期进化而成的,所以它在这个问题后面增加了一句"为了能生存下来"。

因为这就是一切。我们的感觉是大脑控制我们的方式,它引导我们做最有可能让我们生存下来的事情。如果我们生存下来了,我们就可以有孩子,可以延续我们的基因——对我们来说这意味着一切。我们的感觉会让我们的生活更愉快(或者更有趣)——这只是一种好的副作用而已。

完美世界的一个机器人

为了理解感觉为什么要控制我们,我们可以想象有一个长成人的模样的、完全没有感觉的生物。或者说,一个机器人。不过是一个为了生存下去必须吃饭、睡觉、保持健康的机器人,就跟我们其他人一样。

这个机器人还拥有全世界所有信息的资源。它几乎无所不知,而不知道的事情它可以迅速计算出来。

此刻我们的机器人看到了一个三明治。它先是判断自己此刻是否需要营养和能量,然后分析这个三明治的成分,看看它是否满足需要。这时机器人还必须权衡冰箱里有没有更好的食物,好让自己不会用错误的东西来填饱肚子。这个三明治也许是其他人的,如果它突然不见了,那个人可能会生气。所以,吃这个三明治的好处和坏处分别是什么?这其中会不会有什么风险?

这个机器人从所有角度分析了问题,然后决定该怎么做。不能出错。可是对于你我来说,这个世界是不会如此完美的,对吧?

一个真实世界的人

人类的情况要复杂得多。我们无法拥有我们所需营养和能量的所有信息,不可能精确判断食物的成分。即使我们知道这一切,计算过程也需要很长时间,还没等我们算完,三明治就发霉了(或者被别人吃掉了)。

所以在现实世界中,我们从来都不会有足够的信息和足够的时间去做出绝对完美的决定。那样的话我们的日子将永远在那里计算和思考,我们的祖先将没有机会幸存下来(那样我们就不存在了)。拿出计算器,请老虎等一会儿,让我们做个风险分析——这样是行不通的。

所以大脑用感觉来把我们推向正确的方向。

是怎样做的

大脑大致上是这样来决定它要采用哪一种感觉的：

1. 有什么事情发生了（你看见了一个三明治或一只老虎）。

2. 大脑使用记忆或以前的知识来获得对事情的理解（三明治好吃，老虎危险）。

3. 经过迅速估算，大脑决定哪一种感觉最为合适（饥饿、害怕）。

4. 你感受到了感觉，根据它做出行动（吃三明治，逃离老虎）。

你活了下来，大脑得到了它想要的结果。

事前仔细考虑

可是我们并不总是听从我们的感觉，谢天谢地。这叫作冲动控制——这是孩子和年轻人尤其需要努力的事情。

当你感到饿的时候，你自然会有吃一个三明治的冲动。可如果你仔细考虑一下，你会意识到这可能是你姐姐为她自己做的三明治。如果她发现你嘴角带着面包屑，那你就惨了。或者想一想，这会不会是你弟弟自己做的第一个三明治？他只是去喊人了，想向大家自豪地展示一番。

无论是上述哪种情况，事后你都会感到深深的后悔。

所以有时候，最好的生存策略不是遵从感觉冲动，而是在事前仔细考虑一下。

大脑内部

当你看到那个诱人的三明治时,你的大脑内部到底发生了什么?

嗯,大脑把信号物质多巴胺传送至各个不同的方向,好让你采取一些行动。你可以把它看成是一个工厂,往三条不同的高速公路发出多巴胺产品。

第一条高速公路去往奖励中心。在这里,多巴胺让你"想要"做些什么(嗯,一个三明治,我想把它吃掉)。第二条高速公路通往额叶。决定就是在这里做出的。你知道的,额叶得到大约25岁的时候才完全发育好,所以在此之前,决定通常都有些考虑不周(比如虽然那个三明治是你弟弟的,但你还是把它吃掉了)。第三条高速公路通往基底节区。正是基底节,把决定变成了行动(你朝那个三明治伸出了手)。

负面感受优先

如果我们同时感觉到很多事情,通常负面的感受会占主导地位。这是因为,从历史上看,它们是跟危险联系在一起的——危险我们必须立刻应对。吃饭、喝水或者睡觉这些事可以等一等,但是一头饿虎必须立刻处置。所以如果我们感到压力大很不安——这两个都是负面感觉——要再去想别的事情就很难了。

我们还认为,负面感觉更有趣——至少发生在别人身上。谁愿意读一本没有冲突的书,看一部没有戏剧性的电影?

屏幕感觉

屏幕类产品正是靠这种导致行动的感觉,成功地入侵了我们的大脑。

大脑给你感觉信号,使你可以在需要的时侯活跃,在适当的时候休息。它希望让你去寻找食物、寻找朋友,去做所有人类历史中重要的事情。可是大脑一直都有能量短缺的危险,因此不能作不必要的浪费(见37页)。

大脑热爱"也许"(见48页)、闲话(见75页)、新鲜事(见12页)和捷径(见36页),就是因为这些东西曾经给过我们好处。屏幕类产品提供大量信号,比如推送通知,它们"也许"是很重要的事情。它们提供朋友和名人的闲话,永远都有更多新的东西等在角落里。显然你一看手机,大脑就释放出多巴胺,尤其是大脑知道你无须努力就可以得到所有这一切的时候。

可是无论大脑怎样以为,你得到的这些都不是免费的。你付出了你的时间和你的注意力——你原本可以用它们把事情做得更好。

第七章

群体高于一切

群体中的个体（过去）

人是社会生物，这是我们如此成功的一个原因。如果你想象到稀树草原上的生活，你肯定能明白这是为什么。

一开始我们需要安全和保障。如果我们互相帮助，防御敌人和猛兽就会容易得多。尤其是在夜里，我们可以轮流守卫。

后来我们需要食物和水。因为我们既不特别强壮也不敏捷，所以我们必须运用其他技巧。比如团队合作。我们一起狩猎的时候，可以包围猎物——或者将它们引入我们的陷阱。其他动物物种在猎食的时候也会合作，但我们可以用一种完全不同的方法来计划我们的合作。多亏我们会语言，我们在狩猎时可以互相交流。

至于蔬菜、水果和水，我们有另外一种强大的武器：传授知识。也就是说，我们可以告诉我们的孩子怎样找水，最好的果树在哪里。随着时间的推移,一个巨大的知识库在人群中形成了。那是一些对所有人都有用的知识。

属于一个群体的人,跟那些试图自力更生的人相比有着巨大的好处。被群体排除在外的人,差不多就像被判了死刑一样。

150人——然后就满了

据说我们只能跟150个人保持关系。这里的保持关系意味着亲近熟悉到知道一个人是如何看待另一个人的（我喜欢皮娅，但她生拉尔斯的气，而拉尔斯是我最好的朋友）。不过我们可以认出并且能够记住名字的人自然要多得多。

150人应该是人类群体的一个完美的尺度——有意思的是，我们认为我们生活在稀树草原上的祖先，就生活在差不多这么多人组成的群体中。

群体中的个人（如今）

害怕被群体排除在外的恐惧，至今仍然存在于我们心中。我们以家庭和家族的形式聚在一起，我们寻找朋友和跟我们有关系的熟人，以建立属于自己的安全的群体。

家庭是（或者应该是）最安全的群体。在家庭中我们有更大的自由活动空间。要被这个群体赶出去，通常需要非常多的理由。在这里就算我们表现得有点烦人，被赶出去的风险也不会太大。

可是跟朋友、伙伴们在一起时，情况就不一样了。那是一种松散得多的群体。一个人搬了家或是转了学，另一个人作为朋友的朋友跟你认识。大家属于很多不同的群体，这也很常见，比如有的人是地板球队的，有的人是同班同学，有的人跟那些住在农场的人是一起的。边界是相当不稳定的。这时被排除在外的风险也增加了。

所以我们要努力去融入，去被别人需要，去被别人喜欢。这时我们就表现成了社交生物。友好待人，做个让人舒服的人是不赖的策略。

领导者

其他动物物种当然也有群体，比如我们最近的亲戚猴子。通过研究猴群的机制，我们可以学到很多关于我们自己的知识。

如果你看一下你的伙伴群，肯定很快就能看出哪些人是领导者——那些位于群体中心的人。那些做决定更多一些的人，那些只有他们同意了事情才能做成的人。猴群也是如此，不过在猴群中会更加清楚。我们人类习惯了把事情搞得复杂一些。

另一个相似之处是，无论是猴群还是人群中的领导者，似乎都很享受他在群体中的这种地位。他们大脑里一种叫血清素的物质水平通常会更高。人们经常把血清素跟镇静、和谐、克制这些令人愉快的事物联系在一起。如果我们用一个词来总结，那应该就是自信。

群体中的位置

我们说过，人类群体不像猴群那样明显，但是我们在群体中的位置，我们的地位和排序，似乎同样重要。我们总是不停地在拿自己跟别人比较，来确认我们是往上还是往下。我们越确定自己在群体中拥有一个安全的位置，这个地位越高，我们的感觉就更好。遗憾的是，反之亦然，如果我们觉得自己在群体中的位置受到了威胁，感觉就会差一些。

如何观测？

有一个非常实用的工具，可以看出群体中哪些人可以信任，哪些人彼此喜欢或厌恶，哪些人强大哪些人弱小，以及所有其他为了能够打出正确的牌而需要知道的事情。这个工具叫闲话。

大多数人肯定把闲话看作不好的东西，但它也有好的方面。一个好的方面是，如果我们知道别人会怎样传我们的闲话，我们可能就会表现得好一些。另一个好的方面是，闲话构建人与人之间的纽带。遗憾的是，两个人在说第三个人的坏话时，他们之间会建立起一种格外强的纽带。

坏话也特别吸引人。也许曾经这是一种必要的警告，告诉我们最好远离哪些人。关键是在一场争吵中不要落入错误的一方，因为这可能导致我们被一个群体赶出来，或者被打死。那是一些艰难的时期。

闲话也有好的，它们用另一种方式对大脑产生好处。如果你听说卡琳赤手空拳打倒了一头水牛，你也许会受到启发，自己也去练一练。某人从一栋着火的小屋里救出一个孩子，这个故事可能会让你想到英雄主义，以及自己会怎么做。

不过好的闲话到底还是没有坏话那么有趣。

我们和所有其他人

我们祖先最大的威胁不是狮子,也不是疾病和饥饿。最大的威胁是其他人。我们认为,大约十分之一的人是被同胞打死的,被自己群体中的同胞打死。而如果遭遇了另一群体的人,最后的结局很少会是双方都活下来。

这是我们最重要的社会驱动力之一:将彼此划分为"我们"和"其他人"。其他人自然总是被视为一种可能的威胁。

杏仁核——大脑的恐惧引擎和警报器——会对那些我们不认识的事物立刻做出反应。也就是说,我们对那些不同的东西有一种内在的恐惧。杏仁核发现危险时更愿意一次性发出过量的信号,这要好过发出的信号过少,它告诉我们只要一看到一个陌生人——尤其这个人看起来还很不一样——这时我们就要小心了。

在过去这是符合逻辑的,在今天的社会里完全不适用了,如今我们每天可以遇到成百上千个不认识的人。所以我们学会了不对警报做出太过激烈的反应。但潜意识可能还在那里,比如面对所有外貌举止跟我们不一样的人的时候,会有一种不安全感。这一点我们必须要小心,因为它可能会导致很多不愉快。至于哪些不愉快,你自己可以预测到,对吧?

那屏幕呢?

嗯,那么群体、作为社会生物的人类,跟屏幕有什么关系呢?答案是,屏幕类产品给了我们建立新群体,以及跟老群体保持联系的美妙机会——通过社交媒体。

无论你对什么感兴趣——花园里的小精灵、速度滑冰、模型铁路或是恐怖电影——你都可以在网上找到来自全世界的成千上万个爱好者。同时,你对你的同学和亲戚情况的了解,比以往每一代人都要多。我们都不再孤独。呃……真是这样吗?

奇怪的是,有些用社交媒体的人心情更差了,感觉更孤独了。在下一章里我们来好好研究一下这个问题。

词 典

社交媒体:用户能够通过文字、图片或者声音与其他人交流(积极联络)的渠道(网页服务等)。它基于使用者自己建立并上传内容。

第八章

你认识 #咔嚓 吗?

案例描述

· #咔嚓 这一辈子几乎全都生活在社交媒体上,她经常会有一种感觉,当现实中有事情发生时,她并没有真正参与其中——当然,前提是她生活中真的发生了什么有趣的事情。

· 拿自己跟其他人眼中自己的理想形象作比较,因此总是没有信心。

· 做几乎任何事情——哪怕是自己不喜欢的事情——来获得一个点赞。

#咔嚓 的一天

早 晨

#咔嚓 一睁开眼睛，就去看自己的社交媒体，看看夜里有没有发生什么有趣的事情。没有。很好，不然的话她会感觉错过了什么，因为事情发生的时候她没有在场。

她在考虑要不要发布一个她打哈欠的小视频，但她打不出哈欠。她只发了一张早餐三明治的简单照片。她往里面塞满了奶酪、生菜、豌豆、几根她也不知道是什么的东西，还有墨西哥鳄梨酱。拍完照片后，她挑掉其他所有东西只剩下奶酪，然后把三明治吞进了肚子。

白 天

午饭过后，#咔嚓 跟一个朋友去了一家购物中心。她们走进一家家商店，对着各种东西互相拍照。诀窍是照片里不要出现货架，那样的话她们可以假装自己已经买了那些东西，是在家里展示它们。

#咔嚓 感觉到商店的工作人员开始怀疑她们在做什么了，所以下个周末她们必须换一家购物中心。她还站在一辆豪车前（假装她的父母有经济能力买那么一辆车！）自拍，然后坐公共汽车回家。

如果她在这一周里把那些照片陆续发布出去，看起来就会像她每天都去购物,花了好几百万瑞士法郎一样。回家之前,她和朋友分吃了一个烤热狗。

晚　　上

有些人一直都那么幸福,是的,#咔嚓 认识(或者关注)的几乎所有人都那么开心——如果我们从他们发布的照片和视频来判断的话。她们还很漂亮。显然她们用了大量滤镜,对照片进行了编辑处理。但不管怎样她们很漂亮。#咔嚓 也这么做,可她自己的照片看起来既不漂亮,也不开心。

想象一下,如果她是她关注的那些有影响力的人中的一员就好了。他们可以完全免费地得到衣服、商品、旅行机会以及他们想要的一切。而她自己每周的零花钱只够吃半个烤热狗——幸好番茄酱是免费的。

跟人见面——活得久

很多研究显示,如果我们热爱社交,跟很多人交往,我们会更健康,会活得更久。至于反过来我们会活得更短,你应该不会感到惊讶。如果我们被孤立、很孤独,我们就有生病乃至寿命缩短的风险。

但是当你一个人坐在屏幕前,在网上跟很多人联络,那又会是怎样?这属于独处还是社交呢?嗯,这个问题我们要在这一章里弄清楚,对于#咔嚓 和所有认识她的人来说,很值得读一读。

可能是在说我，我们在说你——
你觉得我怎么样？

大脑里有一个叫伏隔核的区域，它更为人知的是作为我们的奖励中心。当我们吃好吃的东西或是见朋友的时候它会被激活。这时我们得到了伏隔核的奖励，那是一种"这样让我很舒服"的感觉。

当我们谈论自己（尤其是得到表扬）时，大脑的这个区域也会被激活。

所以我们说的话中有将近一半都是在说我们自己以及我们自己的经历。如果我们看看自己发布在社交媒体上的内容，会发现远比一半还多。

当然有些人比别人更喜欢谈论自己，我们可以通过观察谈论自己时伏隔核的活跃程度来测量这一点。一项调查显示，所有人的伏隔核活跃程度都增加了，但是增幅最大的是那些用社交媒体最多的人。

也就是说，如果谈论自己时你的伏隔核变得格外活跃，那么你很可能也会在社交媒体上花更多时间。这不足为奇，对吧？

可是得到表扬时又是怎么回事呢？嗯，你觉得点赞键是干什么用的？

我们为什么喜欢谈论我们自己？

现在我们又要回到稀树草原上我们祖先那里去了。他们应该是通过谈论自己的方式，来加强跟其他人的纽带的。你们彼此了解得越多，进行合作也就越简单。

此外这也是一个测试其他人想法的机会。我们一边说话，一边会仔细研究对方的反应。这时我们会获得建议，知道如何去改善自己的行为，让自己更受欢迎。

那个时候的听众自然不多，他们通常都只跟一个人或同时跟两三个人说话。如今就不同了，多亏有了社交媒体，你可以向成百上千甚至成千上万的人介绍你自己。遗憾的是，你很少能精确地看到他们是如何反应的了。

你们为什么不写它们的名字？

在本书中，我们管所有社交媒体就叫社交媒体，尽管它们各有各的名字。为什么呢？嗯，因为下周你和所有其他年轻人就可能换去别的平台了，只有我们老年人还年复一年地用着我们的社交媒体。所以为了我们不必每个月把这本书重新印一次，我们就把所有平台都叫作社交媒体。

 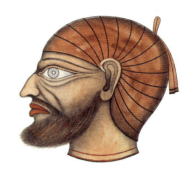

不要说太多

当我们面对面跟别人聊天时,你会一直研究对方的脸和身体语言,读取他们对你说的话的反应。一个皱眉可能表明你对自己在比赛中的功劳有点夸大了。一个飘忽的眼神可能表示对方并不真的相信你的话。这时你可以收敛一些,或者笑一笑,表明你是在讽刺;或者改变措辞,直到你们重新回到同一条轨道上。

这一幕你是不假思索地去做的,你无法准确描述是什么东西让你觉得有什么地方不对劲。

但是在网上你不会注意到这些东西。虽然点赞键和表情符号可以透露一些信息,但一方面它们远不如在别人脸上读到的东西精确,另一方面很多人压根儿没有反应,不管怎样,都使得你没有注意到它们。

正如你所知,当我们谈论自己时会得到伏隔核的奖励。所以我们愿意谈论自己,在网上也是这样。但是在网上我们不会因为那些反应而控制自己,因此我们很容易说出一些我们在现实中与倾听者面对面时不会说的话。因为网上的听众要多得多,如果我们说话时不仔细考虑的话,会引起很大的麻烦。

更重的语气

你肯定在别人发布的状态下读到过很多可怕的评论。人们互骂对方蠢货,以及比这更难听的话。这些话并不总跟那人发布的内容有关,那些评论通常都是关于长相和举止的,哪怕它们跟主题一点关系都没有。网上为什么有那么多人表现得那么坏?

嗯,我们重新回到反应的读取问题上来。你能够直接从聊天对象那里看出你的话有没有让他/她感到难过。对此我们有着强大的内置阻碍。我们不喜欢让别人难过。可是在网上我们看不见能阻止我们的反应。如果我们是匿名的,能够让我们停下来的阻力就更小了。发泄大量愤怒而无须对其引起的感觉负责,这几乎是一种令人振奋的感觉。

于是你把那些做梦也不会当对方面直说的话写了出来。在你要写一些涉及别人的话时,请再好好思量一下。网络对面

是一个人(哪怕并不一定是一个人)。如果你在现实中不会经常说别人很胖很丑很恶心,那也不要在评论区这么说。

不同世界的相遇

在网上用更重的语气说话,带来的一个不好的后果是,我们有时候可能会毫无必要地用一种刻薄的话去写朋友——因为我们看不到对方的反应,来不及阻止自己——所以会产生不和。尽管可能只是一个玩笑。但遗憾的是,当你们真正见面时,这种争执也被带到了现实之中。

当我们看不到彼此的脸(听不到彼此的声音)时,误解自然也就更常见了,无论我们用多少表情符号都会这样。这种误解通常也会进入现实的世界。

试想一下,读者的心情也许跟你不一样,所以可能用另一种方式来解读你写的话,而那完全不是你的意思。所以写文字的时候要表述清楚,并且友好一点。

比较陷阱——第一部分

你有没有跟同学一起看过你们班的集体照片?那样的话你就知道,每个人看的都是自己,觉得自己看起来非常奇怪——而其他人看起来很正常。

我们不是那么习惯用外人的眼光来看我们自己,尽管可以照镜子也可以自拍。但那个时候我们会做特别的表情(你自己知道你自拍的表情是怎样的,对吧?)。其他人拍照片的时候,我们不能自己掌控,所以可能会闭眼、皱眉或者因为某种原因扬起一边嘴角。这时我们觉得自己看起来很奇怪。可其他人为什么不这么觉得?

嗯,因为他们习惯了你所有的脸部表情。你的自拍表情只是你所有表情中的一种。

我们发布在社交媒体上的自己的照片都是我们感到满意的。最好带点滤镜或者修饰。一个理想的形象。可是当我们去看其他人的理想形象时,我们会觉得他们一直就是这个样子的。而我们知道要让我们接受一张自己的照片,需要做多少修饰。

这在十几岁的年轻人身上尤为敏感,这个年龄的人还在努力适应,让自己做得更好。这个时候如果强行拿自己跟明星的照片——他们的脸(可能还有身体)为了看起来完美都经过数字修图——作比较的话,哪怕是最强的自信心也会被击碎。

你应该记得,当我们觉得自己滑落到团队排名的后面时

（见 74 页），会觉得不舒服。正是因为这样，我们在比较照片时感觉受到了威胁。

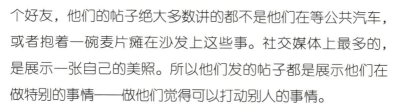

比较陷阱——第二部分

打个比方，你在社交媒体上有 300 个好友，他们的帖子绝大多数讲的都不是他们在等公共汽车，或者抱着一碗麦片瘫在沙发上这些事。社交媒体上最多的，是展示一张自己的美照。所以他们发的帖子都是展示他们在做特别的事情——做他们觉得可以打动别人的事情。

这意味着你的流量中全是 300 个人最有趣的时刻。一个普通的周末，你的朋友里至少有几个人在爬山、听音乐会或是参加有趣的聚会，而你自己却在等公共汽车、吃麦片。

这时你的大脑犯了一个有点奇怪但也很正常的思维错误。它拿你自己与其他 300 个人做比较，这些人大部分都过得跟你一样无聊，他们中只有少数几个人发了一些理想化的照片。可是在你的脑海里，其他所有人都过得跟照片上看起来一样无比有趣。这成了一场你赢不了的比赛，因为其他人的数量要多得多。

这时我们很容易产生一种感觉，觉得自己过着一种相当无聊和空虚的生活。

一起孤独

那么，我们在社交媒体上是属于独处还是社交？没有了社交媒体，我们的感觉会更好吗？嗯，这似乎取决于至少三件事：你把多少时间用在了社交媒体上，你是如何使用社交媒体的，以及现实生活中你是怎样社交的。

在一项调查中，人们测量了年轻人的幸福度，即他们对生活的满意程度。从他们10岁起，对他们跟踪调查5年，从平均值看，他们的幸福度逐年下降。这本身不奇怪，在十多岁的时候人们普遍觉得更加无聊。可是幸福度下降最多的，是那些社交媒体用得最勤的人。也就是说，这里有一个时间上的关联。对于一部分人来说，这可能是因为他们没有太多时间剩下来做别的能让他们更快乐的事情。

那些比较活跃的用户——他们自己发布很多照片和视频，跟别人有很多互动——比那些只是翻看别人更新状态的人，似乎要感觉好一些。

那些真正跟很多朋友见面，把社交媒体当作一种补充形式来用（为了跟他们不常见面的人保持联系，或者为了特殊的兴趣爱好）的人，他们的感觉是最好的。感觉最差的是那些用社交媒体来代替现实社交的人。

对＃咔嚓 和其他所有人的三个建议

我们该如何充分利用社交媒体，总结起来可以有这三点：

1. 试图尽可能多地在现实中跟朋友见面，把社交媒体当作一种补充形式来用。
2. 做个活跃的用户，而不是只看看别人在做什么。
3. 不要在社交媒体上花太多时间。

这样帮助 #咔嚓

#咔嚓 害怕真实的自己不够好——所以她在网上给自己建立了一个虚拟形象，一个可以过她梦想的那种生活的她的副本。但老实说，这是一个挺无聊的形象，骗不了别人。而你知道真实的 #咔嚓 有多么有趣（或者至少曾经是多么有趣）。你可以怎样暗示 #咔嚓 你最喜欢她的哪一个版本呢？这里有几个建议。

1. 在现实中给她"点赞"

练习如何在现实中表扬和赞美别人——很快你会发现别人有多么喜欢听到表扬和赞美。比在网上得到点赞要喜欢得多。请注意，她需要的是对她这个人给予格外多的赞美，而不是赞美她做过的事或者她的外表。

2. 最无聊的帖子获胜

向 #咔嚓 发起挑战，上传一张照片和一段文字（或是一段视频），展示生活有多无聊。一周的时间里每天一个帖子——然后让第三方裁判来打分。

3. 一起做一件尴尬的事情

认识 #咔嚓 的你最清楚它可能是什么，但一个建议是，选择那种所谓"有罪的快乐"——也就是说，某件她拒绝承认她喜欢的事情。伴着你们多年前钟爱的音乐起舞，或者烤一个世界上最丑陋的蛋糕，并且不用勺子就把它吃掉。重要的是：1）你们疯狂大笑，2）#咔嚓 绝不想把它放到网上去。

4. 筛选你们关注的人

一起梳理你们关注的那些人，把所有那些你们不认识或者不关心的人——尤其是那些不是很有意思的人——全都删掉。要强硬一点，剩下的人是值得在你们的手机里占据一个位置的人。

5. 关闭推送通知

在这件事上你必须树立一个好榜样，让 #咔嚓 能够学你。只保留直接发送给你们的消息或其他内容的推送通知。然后你们可以一起浏览朋友圈，获得一些惊喜。

第九章

他们在贩卖你的关注

谁是顾客？

你在商店里买了一双鞋，一个小时内鞋底就掉了，你肯定会回去投诉。如果你在网上买了一双同样的鞋，你可能会联系公司客服投诉。

因为你是顾客，这双鞋是你购买的商品。

可如果你对你使用的社交媒体感到不满意，你该去找谁呢？找不到人。没有客服，或者，有客服，但不是为你而设的——因为顾客不是你。

听起来很奇怪吧？你听好了：你是商品，差不多就是与你坚持想买的那双糟糕的鞋子一样的角色。

如果我们非常严谨的话，商品不是你，那些被买卖的东西是你的关注和时间。

我们从头开始说。

卖家、商品、买家

要完成一桩交易，我们需要三样东西。我们首先需要卖家,也就是通过交易赚钱的人。然后我们当然需要一件商品,比如鞋子。它们有一个价值,人们准备为它而支付的价值。而付钱的人当然就是买家了。

到这里还不复杂。可是那些社交媒体不是用这种简单的方式来运营的。在社交媒体上,卖家是社交媒体的拥有者。商品是用户的关注和时间。买家是希望让信息(比如广告)达到用户的人。

说到这里你明白了吗?社交媒体不是出售的商品,你不是顾客。还是没弄清?

我们从另一个角度来说。比方说我们建了一个大家见面、联络,发布跳舞短视频的平台,在上面我们可以做社交媒体上常见的事情。用户被吸引过去,当人数足够多的时候,我们可以去找一个买家说:"现在我们有数以百万计的用户,他们每天在我们的服务器上花好几个小时。你有没有什么信息想要投放给他们的?每个用户你只要花几分钱就够了。"

这样我们就是卖家,用户就是我们出售的商品。

那买家呢?

可是谁会买别人的关注呢?是的,你都想象不到有多少人准备花巨额资金来买这块金疙瘩。比如那些想向用户投放广告的企业。或是一个想要发布重要信息的政府部门。

也可以是向社会公众发布政治信息和观点。这时我们就开始进入浑水区了。尤其是像你这样的人(用户),常常以为自己是顾客而非商品——因此放松了必要的警惕。

屏幕大脑

那我们怎样做才能建立一个成功的社交媒体？我们也许可以假想一个来看看。我们就把它叫作……"屏幕大脑"吧。

第一步是把大量用户吸引过来。我们要利用的是他们的关注和时间。可是怎么吸引用户呢？

嗯，首先我们得确保让我们的平台有很多流量。这意味着我们得花钱请一些有影响的人和其他媒体名人来加入。不过别担心，这些钱我们日后会赚回来的。他们中的每个人都会带来好几千的追随者。

另外必须很容易链接到这个平台，必须很容易通过这个平台分享信息。我们必须被大家看见，就这么简单，好让大家明白他们应该来这里。

然后我们必须有内容。不过这是用户负责的，完全免费的，所以这里没有费用。流量的一部分也将成为我们出售的广告位，但不会太多，因为用户会厌烦。

好了，现在让我们启动"屏幕大脑"，希望它成功！

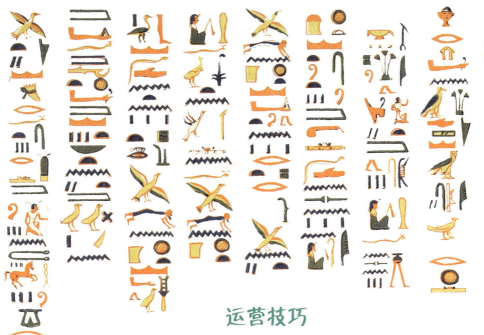

运营技巧

我们在"屏幕大脑"上贩卖的是用户的时间和关注。也就是说,我们必须让他们给我们这些。这里有很多运营技巧。

一个技巧是"无限滚动"(见 50 页),即页面不设终点。另一个技巧是有些东西用户自己想看的时候看不到,只有我们想让他们看的时候才能看到。我们希望他们在对我们最有利的时候看到这些东西。

举个例子,如果有人喜欢一个帖子,那么发布这个帖子的人无法立刻看到竖大拇指点赞的标志或爱心符号。要过几秒钟或者几分钟才能看到,这样他们会开始期待,会反复查看。与此同时,我们趁机分配推送通知,这样可以每隔一段时间就提醒用户访问我们。

不过我们最重要的武器还是算法,那个控制在什么时间向什么人展示什么内容的电脑程序。

算法——平台的大脑

当然,我们会确保更多地展示那些跟用户联系最密切的人的帖子。视频——也就是说,会动的图片——的效果也比图片更好(图片比纯文字更好)。

然后我们极为仔细地跟踪用户在"屏幕大脑"上的活跃度。那些看了很多小狗视频的用户自然会收到更多这样的视频。我们还认真监测用户在其他平台上做了些什么。当然,我们也会弄清楚用户住在哪里,经常在哪些地方逗留。

用户会关注哪些艺人和名人?他们会点开哪些文章来看?用户自己会发布什么内容——是关于时尚的,还是运动或旅行的?

我们把这些全都采集起来后,算法会计算出哪些帖子应该在流量中出现。也就是说,"屏幕大脑"给每位用户定做了一个版本,上面展示的一切都会唤起兴趣和关注。因为我们所要继续贩卖的,正是这种关注。

大数据

过去我们从来没有像今天这样,能够获取人们那么多的信息。这些采集起来的信息叫作"大数据"。它正在以惊人的速度增长,这使得算法一天比一天更精准了。

因为我们并没有我们自己认为的那么特别。某个年龄的人,带着某种特别的兴趣在某个地方,往往会阅读和浏览大致相同的内容。

可是我们并不仅仅属于群体。不,我们同时是年轻人,是拼图迷,是爱猫人,是韦斯特罗斯(瑞典的一座城市)人。我们适合很多不同的群体,借助大数据(和巨大的计算能力),我们可以为想要展示的信息找到精准的目标群体。无论是广告还是观点。

三个按钮

嗯,"屏幕大脑"的客户如何将自己的信息用最好的效果发布出去呢?嗯,我们可以建议他们用三个按钮。这是进入用户大脑的三条非常有效的捷径,这三条捷径都要通过感觉。

第一个按钮是"让人生气按钮"。我们喜欢为一些事情生气。这也许是因为,摆脱一些内心的愤怒和挫败感(失望)但又不在真实的生活中造成很多争执,这样很妙。"什么?!那些蠢货要建一条高速公路,穿过宽喙水獭唯一的产卵孵化地?!必须让全世界知道这事,我来转发!"

第二个按钮是"让人害怕按钮"。按下这个按钮可以有很多不同的目的,比如在广告中:"我最好买这件毛衣,这样我就不会落伍。"或者一个政治性更强的信息:"啊不!世界正在毁灭!我必须做点什么!"嗯,只是举两个例子。

第三个按钮更狡猾了,我们可以管它叫"这表明我已经相信了按钮"。我们人类并不像我们以为的那样,对获取新的信息和知识那么感兴趣。相反,我们喜欢那些能够确认、能够证明我们认为自己已经知道了的事情的信息。"好吧,那些韦斯特罗斯人又惹麻烦了,我早知道会这样。"

这第三个按钮引导我们进入了……

观点走廊

所有人在"屏幕大脑"上都能获得让自己感同身受的内容，也就是说，平台的算法和 AI（人工智能）会选择那些每一个用户希望花时间去看的内容。这听起来很美妙。可是这也意味着，平台始终会给用户投喂相同类型的帖子和观点。

如果我认为地球是平的，那么我的流量会得到大量证实这一景象的帖子。很快我就落入了观点走廊。我只能读到和看到我已经认为和相信的事情。

与此同时我会有一种感觉，所有其他人的想法都是一样的，尽管平台向他们提供的观点是完全不同的。可是我不会发现或明白这一点。

随着时间推移，我变得越来越相信地球是平的，并且有一种感觉，就是世界上其他人也相信这一点。这样不好。

假新闻

如今我们很容易成为"假新闻"的猎物。调查还显示，假新闻在网上比真实的新闻传播得要快得多。这不足为奇，想传播假新闻的人是不需要关心真相的，他们可以想多夸张就多夸张，来给帖子添油加醋。

不，关键是保持警惕。不然的话我们很快就会相信水獭孵蛋并且长着喙、韦斯特罗斯人比其他人更爱惹麻烦这样的蠢话了。至今没有任何调查可以证明这些话。

阴谋论

在网上还有另一件事像野火一样传播得很快,那就是各种阴谋论。这些阴谋论从人类从来没有到过月球,到外星人统治地球,无奇不有。

可是有多少人会相信这些呢?你想。可答案是:比你以为的要多得多。

原因肯定是现代世界让人很难理解。它实在太……复杂了。很少存在简单的解释——因为这个世界就不简单。可我们人类想要去理解它。如果理解不了,我们就买一个我们可以理解的答案。比如前沿研究只是虚构出来的(如果我不能理解,那么其他人也理解不了)。或者某件事情后面有一个邪恶的阴谋(所有问题都因为政治家们其实是太空蜥蜴,想拿我们做实验)。

因为我们希望所有事情都有个原因。我们希望存在一个故意破坏一切的恶棍,我们只要把这个恶棍清除掉,一切都会重新好起来。可事实很少会这样,这种想法只存在于阴谋论中。

没有邪恶的创造者

创建社交媒体的人这么做并非因为他们是坏人。他们只想给你想要的东西,好让你停留的时间长一些,这样他们可以出售你的时间和关注。所以他们尽可能地收集了那么多你的数据,让算法和人工智能控制你在平台上能看到什么内容。

这背后不存在什么邪恶的东西。只是生意。一个人工智能研究网上数以十亿计的人的行为,寻找模式、趋势和方向。然后把你自己都不知道你想看想读的内容提供给你。

如今这种情况开始慢慢地改变了一些,但平台的人工智能通常都不会管它提供给你的内容是不是纯粹的谎言。只要能得到你的关注就够了,因为它的程序设置就是为了做这个。

甚至连那些曾经为人工智能编程的人都相信,这导致的结果将是,我们在观点走廊和阴谋论中迷失自我。

"屏幕大脑2.0"

所以,你怎么看?我们是不是该反思一下"屏幕大脑"?我们难道不是想建立一个让用户遇到新的理念、获得新的奇思妙想的聚会场所吗?

我们是不是应该首先做一个反击谎言和夸大说法、减少用户愤怒和害怕的平台,因为我们应该也可以建造出一个基于大数据、追求人类身上优点的人工智能?

好吧,我们也许可以试试。

可是在夜里,当我们睡觉时,大脑仍在像之前一样运转,是不是?真难以置信。接着读下一章吧。

第十章

你认识犯困的山姆吗?

案例描述

· 夜里睡得太少,白天很少真正清醒。

· 入睡很难,早上起床更难。

· 觉得自己脑子不是很灵,会忘事,不像以前那样能想出很多好主意。

犯困的山姆的一天

早 晨

快到八点时,山姆的妈妈走进他的房间。她每隔一段时间就来喊他,已经喊了一个小时了。这回她动真格了。

她卷起滚轴窗帘,让太阳照在山姆脸上,然后掀开他的被子。山姆继续睡。这时她强拉着他坐了起来,把他的双腿转到床沿下。

"你要来不及了!"她说,"还有一刻钟就要上课了!"

"我醒了,妈妈。"山姆说。

白 天

学校里的一切都让山姆感到很迟钝。脑袋昏昏沉沉的,感觉就像发烧了一样。

中午休息时他踢了足球,踢得很一般。他开始跟一个女孩争论规则,尽管他其实并不在乎规则。只是心里的愤怒必须发泄出来。

下午的课上得很慢,山姆几乎睡着了。他多半是病了。如果他有力气举手的话,他会请求老师让他回家。

晚　　上

　　就在山姆应该上床睡觉的时候,他终于感到清醒了一些。于是他坐到电脑旁玩了起来。突然一切都恢复了正常。他的手指变得跟脑子一样敏捷。时间飞逝,很快家家户户的灯都熄灭了,只剩下了他的房间。

　　"你该睡觉了!"他妈妈喊。

　　山姆很不情愿地关了灯,钻进了被窝。他无须开灯就能看手机。他只要用被子挡住屏幕的光,就可以几个小时不睡。

我们睡觉时发生了什么？

奇怪的是，大脑休息这件事偏偏没有发生。是的，睡眠状态下它也在全力工作。

正是在夜里，当信息流关闭的时候，大脑才有时间看看白天到底发生了什么，选择该如何来处理这些事。

为了不被所有记忆淹没，大脑必须决定哪些记忆应该保存起来，哪些该被扔掉。在要保存的那一堆里，是所有可能对未来很重要的记忆。比如你学过的知识，还有让你反应强烈或有很多感触的记忆。因为你日后还会遇到这些事，所以能把这些事跟你以前曾经经历过的事情联系在一起会很好。

每一个放在保存堆里的记忆都会得到一个标签，好让大脑以后可以找到。然后它们被送往大脑各处储存。

那么那些不值得保存的记忆呢?它们就被扔掉了。或者说忘掉了,就这么简单。

还有更多

睡觉让我们平静下来,情绪更稳定。睡眠大约就像一个平静的地方,在那里我们可以处理困难和不愉快的想法和感受。

杏仁核——大脑的警报中心——在我们做梦时通常会很活跃。与此同时,压力荷尔蒙的含量很低。这表明我们处理可怕和困难的事情时,没有感到压力很大。这就好像你会告诉一个你很信赖的人你失恋了一样。

把情绪用语言表达出来,获得一些同情,也许还能获得一些好的建议,会让我们的心情更为平静。这一点大家都知道——大脑也知道。

还有更多

大脑有很多障碍会在你睡觉时放开。你自己知道一些梦可以有多疯狂。有时候大脑仿佛在测试疯狂的想法,不断地把它们表达出来。就像我们经常说的"头脑风暴"一样,是创造性的一个重要组成部分。

你肯定听人说过,我们在做重要决定前应该先睡一觉。有趣的是,这个方法通常很管用。棘手问题的解决方案会在睡眠中冒出来,当我们醒来时就直接成形了。

这只是因为你睡觉时,大脑没有睡觉。

炒鸡蛋

披头士乐队的保罗·麦卡特尼曾说过,史上最著名的歌曲之一《昨天》的旋律,是在他睡觉时冒出来的。他立刻走到钢琴边弹出了这个旋律,为了把它记下来,他编了一段废话,他唱的是"炒鸡蛋",而不是"昨天"。

不过这感觉太好了。仿佛他曾经听过这首曲子,然后无意识地把它偷了过来。为了确定这真的是一首新歌,他把它哼给了好几个朋友听,问他们以前有没有听过。答案是没有人听过。

不同种类的睡眠

我们有时候说,我睡得跟一块木头似的,其实并非如此。至少不是整个晚上。某些时候我们在将醒未醒的边缘,另一些时候我们在做梦,有时候我们则睡得非常深。

可以简单地说,我们是深度睡眠(睡得像木头一样)和梦境睡眠相结合。在 90 分钟的时间里,我们可以两种睡眠都经历一遍,然后重新开始,这叫"睡眠循环"。

夜晚初期睡眠循环主要是深度睡眠,然后每一次循环梦境睡眠都越来越多。这对犯困的山姆来说很不利,因为梦境睡眠对记忆力和创造力很重要,对稳定情绪(还记得踢足球时的争执吗)很重要。山姆睡得太少了,所以当他该起床时,他的睡眠循环仍然主要由深度睡眠组成。

此外,如果我们在梦境睡眠中被叫醒,通常会更清醒一些。而山姆很少是这样。

快速眼动

梦境睡眠有时也被称作快速眼动睡眠。快速眼动,顾名思义就是眼睛快速地活动。

如果你观察一个正在做梦的人,你会发现他的眼睛在眼皮下快速地来来回回转动,而身体的其他部分是麻木的。我们可以自主活动的那些肌肉的神经连接(除了通往眼睛肌肉的)都关闭了。如果我们用梦里的那种方式走路的话,那会非常好笑。

光是睡眠的敌人

山姆显然在昼夜节律上有问题。醒着的时间变得越来越长，而睡眠却没有了位置。

昼夜节律很大程度上是被一种叫褪黑素的激素控制的。正是它告诉身体该睡觉了。白天我们的褪黑素水平很低，到了晚上会升高。

这估计是受到了阳光的控制。当太阳下山时，身体会制造出更多褪黑素，好让我们做好睡觉的准备。在大自然中这非常好。可是在家里面，我们有了以电灯和屏幕为形式的人造光，光减慢了褪黑素的产生。所以如果我们不把灯和屏幕关闭的话，就收不到足够强的"该睡觉了"的信号。

此外十几岁青少年的昼夜节律会很自然地发生变动。他们变得越来越像夜猫子，早晨越来越难清醒。与此同时他们需要很多睡眠才能保持健康，每天晚上大约需要睡九到十个小时。

对于刚刚迈入十几岁这个行列的山姆来说，这不是个好消息。

蓝 光

屏幕类产品格外狡猾，因为它们会发出很多蓝光。蓝光曾经意味着天空晴朗万里无云。遗憾的是，我们大脑里控制睡眠和清醒的那些系统以为情况还是那样。

我们的眼睛里有特殊的细胞，对蓝光格外敏感。当这些细胞感知到来自屏幕的蓝光时，它们会对大脑说，不要再产生褪黑素了（因为天空显然很蓝）。这其实把你身体内部的时钟往回拧了三个小时，所以你关闭屏幕后，效果还会持续很长时间。

少一小时

在睡得太少这件事上，山姆不是孤家寡人。因睡眠问题而寻求帮助的人的数量增长非常迅速，尤其是在那些睡得越来越少的孩子们中间。一项针对20个国家的孩子做的大规模调查显示，今天的孩子比十年前的孩子平均每天要少睡整整一个小时。

很大一部分原因在于手机。你自己知道，当你摆弄手机时，大量时间会多么轻易地流失，对吧？可问题并不仅仅在于玩手机。把手机放在床头柜上就足以缩短我们的睡眠时间——一项针对小学四至六年级孩子的调查显示，会缩短21分钟。

这也许是因为有手机在旁边，我们无法真正放松（这一点你已经在本书的很多章节里遇到过了）。可能会发生什么重要或刺激的事情，这是我们害怕错过的。

很多人也会为了快速地看一眼手机而在夜里醒来，然后重新睡着。有时候会醒十次。这样就没有很多休息的时间了。

不要恐慌！

我们知道，睡得太少的人，记忆力、情绪、创造性思维等方面都会出现问题。可是我们的身体和我们的大脑很善于自我修复——只要有机会的话。所以你偶尔失眠是不会带来什么灾难的。只需要几个晚上的优质睡眠，你就能重回正轨。

只是静静地躺在黑暗中也能让你得到休息。当然，只要你不开灯，不拿起手机就行。

这样帮助犯困的山姆

这里有几件事你可以建议山姆去做,这样他会更有精神、更少生气、更冷静、更有创造力。当然,关键是他要学会睡得更多、更好。

1. 晚上关灯

山姆躺下之前是不需要开着顶灯的。光线越暗,褪黑素产生得越多,他睡着的概率也就越大。

如果山姆整个晚上逐渐调暗灯光,那他的睡眠质量会得到额外的提高。这就好像太阳慢慢下山一样。

2. 安排好夜间作息

山姆应该养成良好的晚间习惯,安排好每天晚上要做的事情(最好是按固定的顺序),好让身体和大脑明白马上就要睡觉了。

3. 及时关闭屏幕

睡觉前最后一小时拒绝蓝光。是的,需要稍做一些计划。

4. 把手机藏好

告诉山姆，把手机放到一个拿不到的地方，让他不会去想睡前最后再看一次。这样如果他半夜醒来也拿不到手机。最好是把它放到另一个房间。

送山姆一个老式闹钟作为生日礼物，这样他就不需要用手机来定闹钟了。

5. 可以等

夜里山姆的朋友极少会遇到重要的事情，无论山姆有多不相信这一点。需要他立刻知道的事情就更少了。告诉他，他可以等到第二天再处理。

注　意！

如果山姆是一位游戏玩家，向他指出，夜间是学习新东西效果最差的时间。身体和大脑都调到了休息状态，以节能方式运转。注意力下降，反应能力变差，与此同时作出快速决定的能力很低。不，喝能量饮料也无济于事，它们是让你多坚持一会儿不睡着，但你做事的质量仍然很差。（你可以跟山姆直说。）

在山姆真正清醒的时候向他挑战一局游戏，这样他会意识到区别的。

第十一章

未来的屏幕大脑

数字卡路里

曾几何时，用最快速度吃下那么多富含能量的卡路里是一种聪明的做法，没有人知道下一回找到吃的东西会在什么时候。在那时很明智的策略，在今天就有点糟糕了。

因为我们摄入的卡路里中有很大一部分是空的，它们给我们能量，但在营养方面几乎一无是处。我们吃下太多能量，但消耗过少的话，我们会变得越来越胖，身体会越来越差。

这个问题是可以解决的。吃得更好一些，少吃零食少喝汽水，多一些运动。就这么简单。

想象一下我们跟"数字卡路里"一路同行。当我们吃下内容空洞的小小的多巴胺刺激，大脑会奖励我们，这使得我们花更多时间在屏幕上。那些时间我们本可以用在身体锻炼、业余兴趣爱好和见朋友上面，本可以让我们过得更好。

我们的生活是不是变得越来越苍白了？所有的时间是不是都用在了摆弄屏幕上面，而身体和大脑是不是感觉越来越差了？嗯，让我们来进一步研究一下。

我们会随着时间推移慢慢习惯吗？

我们锻炼的时候，肌肉会增大，肌肉力量会更强。大脑是不是也同理？使用屏幕的年份足够多之后，我们的大脑应该学会不那么容易受到干扰了吧。

遗憾的是，没有迹象表明是这样。更准确地说是相反，我们越是习惯于不断分心，不断被碎片化的信息打扰，我们专注并接收大块信息的能力就越弱。

短期来看，零食就像屏幕类产品一样能给我们刺激；但从长远看，我们需要的是真正的食物，哪怕我们需要付出更多的工作才能得到它们。所以你必须稍做抵制，确保给大脑真正的营养而不是空洞的卡路里。也就是说，减少花在屏幕上的时间，提高屏幕时间的质量。

我们变得更笨还是更聪明了?

大约一百年前,也就是二十世纪初,人们开始测试人类的智商。如果今天的人去做一百年前的这个测试,应该会得到一个非常不错的成绩。这是不是意味着今天的我们更聪明了?

不,这只意味着我们在所测试的那种特殊的思维方面得到了更多的锻炼。比如我们的上学时间比那时的人要长得多。而大脑本身的天赋跟几千年前其实差不多。

在很多年里,我们的智商(被测试的那部分)以比较高的速度稳定增长。但大约20年前发生了一件什么事。然后成绩开始下降。下降得不是很多,但足以让我们感到不安。而且下降还在继续。

没有人确切知道这是因为什么,但有三种可能的原因:学校的要求不像以前那么高了,在学习上的投入没有以前那么多了;我们运动得更少了(运动对思维大有好处);面对涌向我们的大量信息,我们加以分类的难度增加了。

我们也许可以把它总结为,大脑既没有变得更聪明,也没有变得更笨,但我们如今的生活方式似乎为大脑增添了困难。

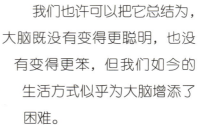

照镜子

如果你朝一个刚出生的婴儿伸出舌头，他也会朝你伸出舌头。人们觉得，这是因为我们有一种叫镜像神经元的脑细胞。它们帮助我们通过模仿来进行学习。

而镜像神经元也让我们能够理解别人的感受。如果你看见某人的一张照片，这人的一根手指被门夹住了，这时你的大脑会做出跟被夹的人的大脑几乎同样的反应。你没有感到痛，但你感到了不适。

我们可以对别人的快乐、悲伤和害怕感同身受。我们天生就有一种试图理解他人的驱动力，能够感受别人的感受就是这种驱动力的一部分。

大脑接收大量别人说话的信息，以及眼睛的活动、表情和身体姿态，等等。然后大脑向你提供它所解读的这个人的感受和思维。我们常说，这是"心智理论"，一种关于别人脑袋里在想什么的理论。

为什么要这样做？嗯，这能帮助我们决定我们自己该怎么说该怎么做。我们从童年时就开始训练这种技巧了（在十几岁时训练得更多），而当我们面对面说话时，能得到最佳的训练。

同情心

什么是一个好人？大多数人可能会说，善良很重要的一部分是理解他人的感受。正如你理解的那样，"心智理论"是这种能力的基础。

可是它建立在我们跟别人在现实中见面的基础上，如果我们一天四五个小时盯着屏幕，那会怎样呢？

美国的一项调查显示，二十世纪八十年代后，学生们的同情心越来越少了，无论是为那些遇到困难的人感到难过，还是站在别人的角度去看世界，都不如以前了。针对四到九年级学生的调查结果也是一样。

这是因为如今我们花了太多时间在屏幕类产品上面的缘故吗？这一点我们无法确切知道。也许有很多不同的原因，但无论如何，我们有理由对此保持警惕，我们的世界因为更多的——而不是更少的——同情心才如此美好的。

决定权在我们手里

就像你在 98 页上读到的那样,社交媒体在吞噬我们的生活,但这背后并没有什么邪恶的计划。创建社交媒体的人只是请算法提供那些最能抓住我们注意力的东西——为了之后能把我们的关注卖出去。

事情的核心就在这里。如果我们选择把我们的注意力放在其他事情上面(如果我们不再分享和传播假新闻和阴谋论),那我们就会获得完全不一样的社交媒体。如果我们在评论区对别人友善一点,算法就会领会这一点,不再鼓动那些引起愤怒的事情。以此类推。

而决定权在我们手里。是你在作决定。用好你的决定权。

那我们该怎么做?

4000 个 8—11 岁的孩子接受了一项测试,以研究他们的记忆力、注意力和语言能力。这些都是对我们有好处的东西。

那些每天在屏幕前的时间低于两个小时的孩子,结果要好得多。不过……那些每晚睡 9—11 个小时的孩子结果也不错,还有那些身体活跃、做很多运动的孩子。

所以结论相当简单。我们每天应该运动至少一个小时,睡 9—11 个小时,使用手机和其他屏幕类产品的时间最多两个小时。

几句结束语

我们生活在一个复杂的世界上。这是一个专注力像金子般珍贵的世界——而与此同时,我们的专注力似乎在变得越来越差。

我们的指尖上有着人类社会的几乎全部知识。我们拥有数字工具,它们和我们神奇的大脑一起,应该能够释放出难以想象的创造力。事实也确实是这样。

可我们有没有用正确的方式来使用它们?我们大家是不是都像全书一开始那位马尔默的艾拉阿姨一样,不能很好地适应屏幕类产品?

现在我们来到了这本书的结尾,希望你已经学到了很多屏幕和大脑如何一起工作,以及我们可以怎样让这种合作变得更好的知识。

因为我们值得为此付出辛苦。用正确的方式使用新技术,就像获得了超能力一般。无论你是打算做电影、艺术或者音乐来改变世界;还是研究、学习、创建手机软件和程序,让数以百万计的人生活得更加美好;抑或是学习更多知识,看很棒的电影,跟朋友联络或者玩不可思议的游戏。所有这一切离我们只有几个按键的距离,因为屏幕类产品是你在技术世界最好的朋友。不过要确保一点:做决定的人是你——而不是它们。

  这方面你也许已经做得相当好了,但还有另一些人你可以帮他们一段路。比如犯困的山姆、手忙脚乱的菲利普、汉娜·来不及以及＃咔嚓 。去帮助他们吧,为了我们的世界。

图书在版编目（CIP）数据

高效学习脑科学 /（瑞典）安德斯·汉森,（瑞典）马茨·万布拉德著；徐昕译. -- 北京：中译出版社，2023.3
（给青少年的大脑健身房）
ISBN 978-7-5001-7267-3

Ⅰ.①高… Ⅱ.①安…②马…③徐… Ⅲ.①学习方法—青少年读物 Ⅳ.① G791-49

中国版本图书馆 CIP 数据核字（2022）第 238822 号

SKÄRMHJÄRNAN JUNIOR
(INSTA-BRAIN JUNIOR)
Copyright © Anders Hansen and Mats Wänblad 2021
Layout and Illustrations Copyright © Lisa Zachrisson 2021
Published by agreement with Salomonsson Agency, through The Grayhawk Agency Ltd.
Chinese Simplified translation copyright © 2023 by China Translation & Publishing House
ALL RIGHTS RESERVED
版权合同登记号：01-2022-6757

给青少年的大脑健身房：高效学习脑科学
GEI QINGSHAONIAN DE DANAO JIANSHENFANG : GAOXIAO XUEXI NAOKEXUE
出版发行 / 中译出版社
地　　址 / 北京市西城区新街口外大街 28 号普天德胜科技园主楼 4 层
电　　话 /（010）68005858，68358224（编辑部）
传　　真 /（010）68357870
邮　　编 / 10088
电子邮箱 / book@ctph.com.cn
网　　址 / http：//www.ctph.com.cn

策划编辑 / 吕百灵
责任编辑 / 范　伟
营销编辑 / 白雪圆　喻林芳
封面设计 / 黄　浩
排　　版 / 七彩世纪
印　　刷 / 中煤（北京）印务有限公司
经　　销 / 新华书店

规　　格 / 880 毫米 ×1230 毫米　1/32
印　　张 / 4
字　　数 / 50 千字
版　　次 / 2023 年 3 月第一版
印　　次 / 2023 年 3 月第一次
ISBN 978-7-5001-7267-3　　　　定价：68.00 元

版权所有　侵权必究
中　译　出　版　社